Die sociale Lage

und die

Bildung der Handlungsgehilfen.

Von

Friedrich Goldschmidt.

Springer-Verlag Berlin Heidelberg GmbH 1894

ISBN 978·3·662·32289·5   ISBN 978·3·662·33116·3 (eBook)
DOI 10.1007/978·3·662·33116·3

Herrn Geh.-Rath Adolf Frentzel,

Präsidenten des Aeltestenkollegiums der Kaufmannschaft
von Berlin

in treuer Verehrung

gewidmet

vom

Verfasser.

In den beiden letzten Jahrzehnten ist dem Arbeiterstande von Seiten der Regierung und der Volksvertretung, wie überhaupt von allen Kreisen der Bevölkerung, die sich mit öffentlichen Angelegenheiten beschäftigen, ein lebhaftes Interesse entgegengebracht worden. Eine Fülle von Gesetzen zum Schutze des Arbeiters und der Arbeiterin in der Fabrik, zur Sicherung gegen die Folgen von Unglücksfällen im Betriebe, zur Sicherung gegen die Folgen von Krankheit, hohem Alter, gegen dauernde Erwerbsunfähigkeit ergoss sich über das deutsche Reich. Ob diese Fürsorge lediglich einem endlich erwachten warmen Gefühl für die arbeitenden Klassen und der Erkenntniss, dass deren Lage verbesserungsbedürftig sei, entsprang, oder ob allgemein politischen Erwägungen sie ihr Dasein verdanken, mag dahingestellt bleiben. Sicher ist, dass wenn auch die Arbeiter selbst das bisher Erreichte nur als eine geringe Abschlagszahlung betrachten, ihren geschlossenen Organisationen der grösste Antheil gebührt an den raschen und grossen Erfolgen. Andere Berufskreise, deren wirthschaftliche Lage sich ebenfalls verschlechtert hatte, konnten, indem sie die Erfolge der Arbeiter sahen, sich des Gefühls nicht erwehren, dass ihre Verhältnisse keine oder doch nur geringe Beachtung fanden. Es darf daher nicht Wunder nehmen, dass diese Kreise glaubten, sich den Organisationen der Arbeiter anschliessen zu müssen, obwohl ihre Berufsinteressen weit abliegen von denen der Arbeiter.

Die Lage der Handlungsgehilfen ist in dem am 6. Mai v. J. aufgelösten Reichstage, wie in den ersten Sessionen des neugewählten wiederholt Gegenstand eingehender Erörterung gewesen. Diese Erörterungen, so wohlmeinend sie von allen Seiten geführt wurden, litten doch unter der Unkenntniss der einschlägigen Verhältnisse. Während mit der Lage der Arbeiter sich Wissenschaft und Tagespresse unausgesetzt beschäftigten, ein überreiches statistisches Material allen Verhandlungen zu Grunde lag, war man, wollte man sich über die Verhältnisse in den Kreisen der Handlungsgehilfen unterrichten, auf private Nachforschungen und vereinzelte Privatmittheilungen angewiesen.

Ein Nothstand in den Kreisen der Handlungsgehilfen wird von keiner Seite geleugnet. Nach einer Flugschrift des Verbandes deutscher Handlungsgehilfen in Leipzig[1]) ist das Einkommen der Handlungsgehilfen durchschnittlich ein sehr mässiges, in Städten bis zu 20 000 Einwohnern nicht mehr als 540 Mark pro Jahr, allerdings bei freier Station, d. h. Wohnung und Kost beim Principal, während bei nicht-freier Station 720 bis 1080 Mark die Regel bilden. In den grösseren Städten hebt sich der Durchschnitt etwas, aber nicht bedeutend; es dürfte sich hier ein Durchschnittsgehalt von 1200 bis 1300 Mark herausstellen. Für die Zeit vom 1. Juli 1889 bis Juni 1890 giebt der Verfasser dieser Denkschrift eine Uebersicht über die Gehälter, welche an die vom Verbande deutscher Handlungshehilfen untergebrachten 5000 kaufmännischen Gehilfen in den verschiedenen Städten Berlin, Breslau, Dresden, Frankfurt a. M., Königsberg gezahlt worden sind. Danach beziehen von denjenigen, die durch die Vermittelung dieses Vereins eine Stellung erhalten haben, 2141 Gehilfen ein Gehalt bis 1000 Mark, 2780 bis 2000 Mark, 207 bis 3000 Mark, und 46 über 3000 Mark. Hervorzuheben ist, dass die Zahl der Gehilfen, die es kaum bis zu 1000 Mark

---

[1]) Georg Hiller, Die Lage der Handlungsgehilfen. Lpzg. 1890. Siehe auch Verhandlungen des Deutschen Reichstags vom 9. Dec. 1891, S. 3282.

Gehalt bringen, am grössten in der Kolonialwaarenbranche ist. Aber auch die alljährlich wiederkehrenden Petitionen an den Reichstag bezeugen, dass die Lage der Handlungsgehilfen eine drückende sei. In diesem Sinne hat sich auch eine Petition ausgesprochen, welche an den Grafen von Caprivi gerichtet, und die von 45 kaufmännischen Vereinen mit zusammen 57 000 Mitgliedern unterzeichnet war. Wenn die Gesetzgebung glaubte, der Nothlage der Handlungsgehilfen, die allgemein anerkannt war, durch Einbeziehung in die für die Arbeiter ergangenen socialpolitischen Gesetze abhelfen zu können, so befand sie sich in einem Irrthum; die Verhältnisse der jungen Kaufleute und der Arbeiter sind durchaus verschiedene. Die ersteren sind nicht den Gefahren des Berufes ausgesetzt, welche die letzteren bedrohen, und jene werden auch viel weniger häufig von Krankheiten befallen als diese. Gerade um die im jüngeren Lebensalter stehenden Materialisten, Expedienten, Verkäufer oder Reisende und andere, in jüngerem Alter stehende Handlungsgehilfen handelt es sich hier. Es sind am wenigsten Krankheiten, welche den Handlungsgehilfen in unglückliche Verhältnisse treiben, für die Erkrankten im Kaufmannsstande sorgen die Organisationen der kaufmännischen Vereine selbst. Um nur einige der grösseren Vereinigungen dieser Art zu nennen, so gewährt der kaufmännische Hilfsverein zu Berlin, der nahezu 7000 Mitglieder zählt, seinen Mitgliedern, deren Frauen und Kindern freie ärzliche Behandlung, freie Medicamente und auf Anordnung des Arztes auch unentgeltliche Aufnahme in ein Krankenhaus. Ebenso gewährt der Verein junger Kaufleute in Berlin Krankenunterstützungen bis zu 24 Monaten und hat in einzelnen Fällen solche bis zur Höhe von 4000 Mark gezahlt. Die Ortsvereine deutscher Kaufleute, der Verein für Handlungskommis von 1858 in Hamburg, der Verein deutscher Handlungs-

gehilfen in Leipzig und andere Vereinigungen haben
trefflich eingerichtete Krankenkassen. Noch weniger als das Krankenkassengesetz kann das
Gesetz, betreffend die Invaliditäts- und Altersversicherung,
dem Handlungsgehilfen, obwohl er zu den Leistungen beitragen muss, irgend einen Vortheil bringen. Auch der
deutsche Handelstag war in seinem Antrage auf Ausschluss
der Handlungsgehilfen und Lehrlinge von dem erwähnten
Gesetz von der Annahme ausgegangen, „dass diese Personen
doch nur zeitweise dem Gesetz unterstellt sein werden, da
die meisten derselben entweder selbstständig werden oder
in höhere Gehaltsklassen aufsteigen, oder in sonstige Berufs-
zweige übergehen, so dass für sie die Versicherung einen
geringen Werth haben würde"[1]). Nicht also die Erkrankung,
nicht die schwache Kraft des Alters, nicht der Verbrauch
der Kräfte im Berufe bilden allgemein die Ursache des
Unglücks in den Kreisen der deutschen Handlungsgehilfen.
Dieses Unglück hat seine Quelle in der Stellenlosigkeit.
Mag diese Stellenlosigkeit bei tausenden von Handlungsgehilfen bedingt sein durch die Geschäftsverhältnisse im
Allgemeinen, den bei Weitem grössten Antheil an derselben hat der Mangel an kaufmännischer Bildung
in den genannten Kreisen. Auch die Aeltesten der Kaufmannschaft von Berlin haben sich in diesem Sinne ausgesprochen, indem sie in einer Eingabe gegen die Herein-
beziehung der Handlungsgehilfen in die Krankenversicherung
wörtlich sagten: „Die Hilfsbedürftigen unter den Handlungsgehilfen rekrutiren sich zunächst aus denjenigen jungen
Leuten, welche ohne genügende Schulbildung dem Kauf-
mannstande sich zugewendet haben. Ihnen würde auch
durch einen Krankenversicherungszwang nur wenig geholfen
sein; denn für sie ist die Gefahr der Stellenlosigkeit, welcher

[1]) S. Verhdlg. d. Deutsch. Reichstags vom 21. Mai 1889, S. 1875.

sie zu allererst verfallen müssen, die dringlichere, und gegen
Stellenlosigkeit giebt es keine Versicherung"[1]). Der schon
erwähnte Hamburger Verein von 1858, der im Jahre 1893
38792 Mitglieder zählte, sagt in seinem letzten Jahresbericht
ebenfalls:

    „Erneuert trat die schon oft von uns geäusserte all-
gemeine Klage, dass so viele Bewerber mangelhaft
ausgebildet sind, in dem abgelaufenen Jahre an uns
heran. Den jungen Kaufleuten können wir deshalb
nur immer wieder dringend ans Herz legen, recht-
zeitig auf ihre gründliche Ausbildung Bedacht
zu nehmen. Wiederholt konnten wir die Bemerkung
machen, dass hiesige und auswärtige Bewerber, welche
mit Erfolg unsere Handelsschule oder eine ähnliche
gute Fortbildungsschule besucht, oder anderweitig
tüchtige Kenntnisse durch fachmännischen Unterricht
sich erworben hatten, leicht eine passende Stelle durch
unsere Vermittlung fanden, während es andererseits
sehr schwer hielt, nicht mit den gleichen Fähigkeiten
ausgerüstete junge Handlungsgehilfen unterzubringen".

Der bewährte Leiter des ebenfalls schon genannten kaufmännischen Hilfsvereins zu Berlin, Herr Dr. Max Fuchs,
hat auf die Anregung des Verfassers in freundlicher Weise
sich der Mühe unterzogen, über die Vorkenntnisse derjenigen
jungen Leute, die sich innerhalb des letzten Jahres um eine
Stellung beworben und die Vermittlung des Vereins in An-
spruch genommen haben, eine Statistik aufzustellen. Nach
dieser hatten sich 3532 junge Männer, welche sich auf vier
Hauptgruppen, auf Engros- und Detailgeschäfte, Kolonial-
waarenhandlungen und auf die Thätigkeit als Reisender
vertheilten, um eine Stellung beworben. Von diesen Bewerbern hatten 627 die Berechtigung zum Dienste

---

[1]) S. Verhdlg. d. Reichstags vom 19. Nov. 1891, S. 2917 A.

als Einjährig-Freiwilliger, während 2905 eine geringere Vorbildung besassen. Die Zahl der jungen Kaufleute mit einer nicht genügenden kaufmännischen Ausbildung muss danach eine recht beträchtliche sein, und wenn es in Berlin als ein erfreuliches Zeichen gelten kann, dass auch unter denjenigen, die aus einer Volksschule hervorgegangen sind, sich junge Leute befanden, die sich die Elemente der fremden Sprachen zu eigen gemacht, einige sogar eine oder mehrere Sprachen vollkommen beherrschten, so ist es doch ein trauriges Zeichen, dass von jenen 3532 Bewerbern nur 1413 die Grundlage der kaufmännischen Arbeit, die doppelte Buchführung, erlernt hatten.

Von 1764 Bewerbern, die durch den „Verein junger Kaufleute" in Berlin im letzten Jahre eine Stellung suchten, hatten nur 465 — also etwa 24 Procent — das Zeugniss für den einjährig-freiwilligen Dienst.

Die Handelskammer in Braunschweig[1]) hat für ihren Bezirk anlässlich der immer wiederkehrenden Klagen über mangelhafte Vor- und Fortbildung der kaufmännischen Lehrlinge eine Aufnahme veranstaltet, welche sich auf Zahl, Vorbildung, Lehrzeit und Fortbildung der Lehrlinge erstreckt hat. Das Ergebniss dieser Aufnahme ist zahlenmässig, „dass unter den von 405 Firmen beschäftigten 743 Lehrlingen nur 202 oder 27 % das Zeugniss zum einjährigen Dienst hatten, und zwar in der Stadt Braunschweig 172 von 534 Lehrlingen, das ist etwa 32 %, im Lande 30 von 209 Lehrlingen, das ist etwa 14 %; unter den Einjährigen sind 8 Abiturienten und 24 Primaner einbegriffen. Ohne Freiwilligen-Zeugniss sind demnach 541 Lehrlinge, das ist 73 %, und zwar entfallen auf die Stadt Braunschweig 362, auf das Land 179 Lehrlinge. Hiervon haben besucht:

---

[1]) S. Monatsschr. f. Handel und Industrie, amtliches Organ der Handelsk. z. Braunschw. 1893, No. 8, S. 1.

	aus der Stadt Braunschweig	aus dem Herzogthum	Zusammen	Procent
die Sekunda oder Tertia eines Gymnasiums, Realgymnasiums, Ober-Realschule, höhere Privatschule etc. ...	63	5	68	$12\frac{1}{2}$
die erste Klasse einer mittleren Bürgerschule	116	32	148	ca. 27
Nur niedere Klassen von höheren Schulen oder die Volksschule	183	138	321	ca. 60

Einen Fortbildungsunterricht geniessen von den 202 Lehrlingen mit dem Freiwilligen-Zeugniss 25 oder ca. $12\frac{1}{2}$%; hiervon 12 im Privatunterricht, 13 an der Hochschule und den akademischen Vorlesungen der Handelskammer.

Von den 541 Lehrlingen ohne Freiwilligen-Zeugniss geniessen Fortbildungsunterricht nur 222 oder 41% (!).

In der Stadt Braunschweig geniessen von 180 dieser Kategorie 17 Privatunterricht, die übrigen besuchen der Mehrzahl nach die Handelsschule, einzelne die Gewerbeschule; im Herzogthum haben von 42 etwa 7 Privatstunden; der Rest besucht Handelsschulen. Es bleiben mithin nicht weniger als 319 (!) Lehrlinge, d. i. 59%, welche das Freiwilligen-Zeugniss **nicht** erlangt haben, ohne jeden Fortbildungsunterricht."

Nach diesen Zahlen sind also beinahe 50% aller kaufmännischen Lehrlinge ohne eine auch nur leidlich genügende Vorbildung in ihren Beruf eingetreten. Und dass der heutige Volksschulunterricht in vielen Beziehungen nicht mehr den Anforderungen entspricht, welche das öffentliche und praktische Leben an jeden stellt, bestätigt auch der auf dem Gebiete des kaufmännischen Fortbildungsschulwesens so bewährte und bekannte Direktor Harry Schmitt, und in seinem Buche[1]), das in kaufmännischen Kreisen leider nicht die

[1]) Harry Schmitt, Das kaufmännische Fortbildungsschulwesen Deutschlands. Seine gegenw. Gestaltung und Ausdehnung. Berlin 1892.

genügende Beachtung gefunden, schildert er den Zustand
der gänzlichen Unbildung eines grossen Teiles der deutschen Handlungsgehilfen in wahrhaft drastischer Weise.
Der kaufmännische Verein zu Mannheim hat, was die
vollste Anerkennung verdient, unter Mitarbeit einer Komis-
sion, die sich zusammensetzte aus Schulmännern und Ver-
tretern erster Firmen, eine Untersuchung über den Bildungs-
stand der Handlungsgehilfen innerhalb seines Bezirks vor-
genommen. Aus dieser Untersuchung ging hervor, dass
der deutsche Handelsstand alljährlich eine erhebliche Anzahl,
etwa 60% aller Lehrlinge, aufnimmt, die aus der Volksschule
hervorgegangen, sich eine genügende Vorbildung nicht haben
aneignen können und das Versäumte nachholen müssen.
In seiner beachtenswerthen Denkschrift[1]) betr. die Ausbildung
der Lehrlinge, theilt der Verein mit, dass er in Anregung
gebracht habe, den auf den Fortbildungsschulen bestehenden Kursen für deutsche Orthographie, kaufmännisches
Rechnen, Buchhaltung, Schönschreiben, französische, eng-
lische, italienische, spanische Sprache künftig Kurse für
Handelsgeographie, Nationalökonomie und Wechsellehre bei-
zufügen. Diese Anregung fiel auf fruchtbaren Boden bei
den jungen Kaufleuten selbst, gewiss ein Zeichen, dass sie
selbst die Lücken in ihrer kaufmännischen Ausbildung em-
pfinden und sie auszufüllen trachteten. Sie meldeten sich
zahlreich für die neuen Kurse, und der Besuch derselben
ist in dauernder Zunahme begriffen. Dagegen haben die
Inhaber der kaufmännischen Firmen, denen doch daran
liegen müsste, über tüchtig ausgebildete Angestellte auf
ihren Kontoren zu verfügen, den Bestrebungen des Vereins
nur wenig Interesse entgegengebracht. Von 800 Firmen,
welche aufgefordert wurden, der Vereinigung für die bessere

---

[1]) 23. Jahresber. d. Kaufm. Ver. z. Mannheim (1. Apr. 1889 bis
31. März 1890) S. 14.

Ausbildung ihrer jungen Kaufleute beizutreten, sind nur 40 der Aufforderung nachgekommen. An dem Streben der jungen Leute fehlt es also nicht, wohl aber an der Theilnahme derjenigen, die die Pflicht hätten, ihre Standesgenossen geistig zu heben. Der Direktor der städtischen Realschule in Flensburg, Herr Dr. Flebbe, führt sogar an, dass es im Handelsstande heute noch Männer giebt, die der Gründung besonderer Handelsschulen widerstreben, weil sie von der Furcht geleitet werden, dass besser vorgebildete junge Leute weniger zu den einfachen Dienstleistungen im Geschäfte willig seien, und dass der theoretische Unterricht in unbequemer Weise der späteren praktischen Ausbildung vorgreife[1]). Ueber den Mangel an Theilnahme zur Hebung der Bildung des Kaufmannstandes von Seiten der deutschen Handelskammern und des gesammten deutschen Handelsstandes, sei es die Theilnahme an der Begründung der nothwendigen Schulen oder handele es sich um die Förderung der schon bestehenden, sind die Klagen allgemein. Auch die deutschen Regierungen mit Ausnahme Sachsens und Württembergs kümmern sich um die kaufmännischen Fortbildungsschulen wenig oder gar nicht, und in Preussen drohte sogar eine Zeit lang den kaufmännischen Fortbildungsschulen eine Minderung ihrer geringen Zuschüsse.

In Oesterreich-Ungarn ist das gesammte kommercielle Schulwesen staatlich geordnet; die Handelsschulen wie die kaufmännischen Fortbildungsschulen, gleichgiltig, ob sie auf privatem Wege, oder von Vereinen, von Handelskammern oder vom Staate selbst begründet sind, stehen unter der Aufsicht der Behörden. Diese regeln die Lehrpläne und sorgen dafür, dass auch für jeden Zweig des Unterrichts geeignete Lehrkräfte ausgebildet werden.

---

[1]) Jahresber. üb. d. Schuljahr 1893—94 d. städt. Realschule zu Flensburg S. 9.

Die Frage, ob die mangelnde allgemeine kauf-
männnische Bildung, die mangelhafte Vorbereitung
für den kaufmännischen Beruf den Kern und die Ursache der allgemeinen Nothlage der deutschen Handlungsgehilfen bildet, ist überaus ernster Natur und werth, dass
sich die Regierungen und die gesetzgebenden Kör-
perschaften, vor Allem aber unsere Handelskammern und kaufmännischen Korporationen mit ihr
befassen. Die Frage ist um so bedeutender, als in der
Gegenwart die Socialdemokratie ihre Sirenenrufe an die
Handlungsgehilfen ertönen lässt und die jungen Kaufleute
in ihre Arme zu locken sucht. In einer kürzlich erschie-
nenen Brochüre[1]) heisst es schon auf der ersten Seite:

„Während die Lohnarbeiter der Industrie so kämpfen
und ringen, stehen die Lohnarbeiter des Handels in
ihrer grossen Masse, wenn sie nicht gar liebedienerisch
dem Kapital zu Hilfe eilen, mit verschränkten Armen
abseits. „Wer nicht mit uns ist, ist wider uns" haben
ihnen die Kämpfer der Industrie schon oft zugerufen,
aber ohne Erfolg. Der Handelsangestellte in Deutschland, ein Wesen, dem es schlecht geht, schlechter sogar geht als den meisten Arbeitern der Industrie, er
hält sich abseits von den Leuten, deren Sieg doch
auch ihm den grössten Nutzen bringen kann."
und auf der sechsten Seite heisst es:

„Alle Ausgebeuteten, also unter anderen auch die
Angestellten des Handels, haben das Recht und auch
die Pflicht, sich gegen einen Zustand zu wehren, in
dem sie ausgepresst werden wie eine Citrone. Der
Handelsangestellte, gleichviel ob Kommis oder Buch-

---

[1]) Der Handlungsgehilfe und die Kaiserl. Socialreform. Eine
Antwort an den Herrn Minister v. Bötticher, betreffend die Arbeits-
verhältnisse im Handelsgewerbe. Berlin 1893.

halter, ob Verkäufer oder Ladengehilfin, ob Agent, ob
Reisender, ob Hausdiener oder Packer, ob Lehrling
oder Laufbursche, kann seine Interessen nur vertreten,
indem er sich der einzigen Richtung anschliesst, die
gegen die kapitalistische Ausbeutung Front macht,
der Socialdemokratie und der modernen Arbeiterbe-
wegung. Das ist unser Standpunkt. Wer ihn auf seine Rich-
tigkeit prüfen will, der halte Umschau in der Welt der
Handelsangestellten. Was sehen wir da? Nicht die
von lammfrommen Schwärmern gepriesene Harmonie
zwischen Chef und Gehilfen, sondern die in trauriger
Nacktheit bestehende Thatsache einer entsetzlichen
Ausbeutung aller Angestellten durch die Principale."
Zieht man solche Aeusserungen in Betracht, hört man
die Reden, die im Reichstage, in öffentlichen Versammlungen
gehalten werden, liest man die Artikel in den socialdemo-
kratischen Tageszeitungen, so wird man sich der Gefahr
nicht verschliessen können, dass solche Ausführungen ge-
eignet sind, junge Leute, denen es an Reife des Urtheils gebricht, die mit ihrer Lage unzufrieden sind, in Versuchung
zu führen, ihr Heil nicht da zu suchen, wo sie es allein
finden können, in der eignen Brust, in strenger Selbster-
ziehung und in dem Bemühen, sich durch ein grösseres Maass
allgemeiner Bildung in die Höhe zu bringen. Es kommt
noch hinzu, dass die Socialdemokratie das unleugbar vor-
handene Bildungsstreben benutzt, um die jungen Leute in
ihrem Sinne politisch auszubilden, sodass diese jungen Leute,
anstatt ihre Kenntnisse für ihren Beruf zu erweitern, ihre
Köpfe mit Ideen füllen, die sich niemals verwirklichen
können. In den zahlreichen Schulen, welche die Sociale-
mokraten unterhalten, wird in überfüllten Räumen Naturkunde, Geschichte, Nationalökonomie gelehrt, und um die
Köpfe noch mehr zu verwirren, auch Logik und Physiologie.

Die verbündeten Regierungen haben nun, um einen Einblick in die thatsächlichen Verhältnisse zu gewinnen, auf einen im Reichstage gestellten Antrag und auf den Beschluss der im vergangenen Jahre zusammengetretenen Kommission für Arbeiterstatistik eine Untersuchung über die Lage der Handlungsgehilfen angestellt. Die Fragebogen erstreckten sich auf die Arbeitszeit und die Kündigungsfristen, Gegenstände, deren Bedeutsamkeit keineswegs bestritten werden soll, aber über die Hauptsache, über den wichtigsten Punkt, wie weit die jungen Kaufleute im Allgemeinen für ihren Beruf vorgebildet sind, war keine Frage gestellt worden.

Mit welchem Maass von Bildung tritt nun die Mehrzahl der jungen Leute in den kaufmännischen Beruf ein?

Welche Gelegenheiten sind ihnen zur weiteren Fortbildung gegeben?

Die höchste Bildung ist durchschnittlich diejenige, welche die Reichsmilitärgesetzgebung für die Berechtigung zum Dienste als Einjährig-Freiwilliger im deutschen Heere vorschreibt, das heisst, der junge Mann soll nachweisen, dass er ein Jahr lang mit Erfolg die Sekunda eines Gymnasiums oder eines Realgymnasiums besucht, oder die Abgangsprüfung auf einer lateinlosen Realschule bestanden hat. Das Zeugniss für den einjährigen Dienst und die Möglichkeit, nach aktivem Dienste Reserveofficier zu werden, ist das Ziel sehr vieler, und eine grosse Zahl derjenigen, die mit dem erworbenen Zeugnisse in das öffentliche Leben treten, glauben nun ihre Bildung ein für alle Male abgeschlossen zu haben.

Welche Kenntnisse hat nun der junge Einjährige? Er kann einen leichten lateinischen und griechischen Schriftsteller, oder, wenn er ein Realgymnasium statt eines Gymnasiums besucht hat, historische Stücke mittlerer Schwierigkeit aus dem Französischen und Englischen oder leichte, meist für die Einübung der Grammatik zurechtgemachte

Stücke aus dem Deutschen in die fremde Sprache über-
setzen. Aber die Sprachen selbst beherrscht er nicht; weder
kann er sie geläufig sprechen, noch in ihnen korrespon-
diren. Mit den Kenntnissen im praktischen Rechnen ist es
ebenfalls schlecht bestellt. Was in den unteren Klassen gelehrt wurde, ist meist vergessen, und die Elemente der
Algebra, die dem Schüler inzwischen beigebracht worden,
bieten ihm keinen Ersatz. Wenn auch die neuesten Bestimmungen über die Berechtigung zum einjährigen Dienste
vorschreiben, dass die Examinanden Fertigkeit in dem Gebrauche der bürgerlichen Rechnungsarten, einschliesslich
der Zins- und Gesellschaftsrechnung, im Rechnen mit posi-
tiven und negativen Zahlen, in der Decimalrechnung, Lö-
sung von Gleichungen ersten Grades mit einer oder mehreren
unbekannten Grössen, im Potenciren und Radiciren bis zum
zweiten Grade nachweisen sollen, so ergeben doch die Erfahrungen, dass die jungen Leute das kaufmännische Rechnen
immer erst in der Praxis erlernen müssen. In der Geographie sind die Anforderungen im Examen so, dass sie zweifel-
los eine tüchtige Grundlage für die Kenntniss der Handelsgeographie gewähren könnten, aber es ist bekannt, dass
gerade die Geographie für viele der Stein ist, über den sie
beim Examen stolpern; und dass der geographische Unterricht, wie er gegenwärtig auf den Gymnasien gehandhabt
wird, für das kaufmännische Leben wenig fruchtbringend
ist, wird selbst von ersten Schulmännern anerkannt.

Ist diese Art der kaufmännischen Ausbildung bei sehr
vielen nicht ausreichend, um im kaufmännischen Berufe das
Interesse für weitere Fortbildung wach zu erhalten, und den
Einzelnen davon abzubringen, in lediglich maschineller
Thätigkeit aufzugehen, so überwinden veranlagte Naturen,
solche, die mit grosser Arbeits- und Willenskraft ausge-
stattet, die in kaufmännischen Familien erzogen und gross
geworden, zu kaufmännischen Vorbildern aufsahen und mit

2

allen nur möglichen Empfehlungen ausgerüstet in das praktische Leben treten, diesen Mangel. Wie aber soll es dem
armen Knaben, der mit keinem anderen Wissen, als dem,
das ihm die Volksschule mitgegeben, der weder ordentlich
rechnen, noch ordentlich schreiben kann, ohne besondere
Gunst der Verhältnisse möglich werden, vorwärts zu kommen?
Und wie schon oben gesagt, 50—60 Procent aller
jungen Kaufleute im weiten deutschen Reiche
machen diejenigen aus, die ohne genügende materielle oder geistige Grundlage in ihren Beruf
treten.
Wie sieht es nun mit der Volksschule aus? In Preussen
haben Städte, wie Frankfurt a. M. u. a., achtklassige, andere
wieder sechsklassige Volksschulen. In Berlin soll die Volksschule jetzt zur siebenklassigen Schule erweitert werden. Der
Unterricht in der Volksschule umfasst Religion, deutsche
Sprache, die Anfänge der Raumlehre, Geschichte, Geographie
und Naturkunde. Die staatlich gestellten Anforderungen werden aber von der Mehrzahl der Schulen nicht erreicht, da die
einklassigen und Halbtagsschulen überfüllt sind, und es an
einer genügenden Zahl von Lehrern fehlt. Wohl sollen die
Schüler der obersten Stufe dahin gebracht werden, schwie-
rigere Sprachstücke, deren Inhalt ihrem Lebenskreise nicht
zu fern liegt, leicht und mit Ausdruck vom Blatte zu lesen,
Diktate dieser Art fehlerfrei niederzuschreiben, und auch
grössere Sprachstücke richtig wiederzugeben. Das Lesen
der Volksschüler bleibt indessen in den meisten Fällen ein
mühsames Buchstabiren, das den Sinn des Gelesenen mehr
erräth, als deutlich erfasst. Die Fähigkeit im mündlichen
Ausdrucke, die der frühere Volksschüler in seinem späteren
Leben jetzt so oft zeigt, dankt er den Volksversammlungen,
an denen er nur allzufrüh Gefallen findet, aber wahrlich
nicht der Schule. Von den bürgerlichen Rechnungsarten
bleiben der Mehrzahl wohl das Addiren und Subtrahiren ge-

läufig, Bruchrechnen, Regeldetri und Decimalbrüche sind
auch wohl den Schülern mehrklassiger Stadtschulen böhmische
Dörfer. Die in der Volksschule erworbenen Kenntnisse sind,
namentlich, wenn sie auf einer mehrklassigen städtischen
Volksschule erlangt sind, vielleicht ausreichend für eine
ganze Reihe von Berufen, vielleicht auch für den kleinen
Gewerbetreibenden, wenn er neben seiner Volksschulbildung
eine tüchtige Fachbildung sich hat erwerben können; keines-
falls aber für diejenigen, die sich den kaufmännischen
Beruf erwählt haben und in denselben vor allen Dingen
mitbringen müssen Gewandtheit im schriftlichen und
mündlichen Verkehr.

Die auf der preussischen Volksschule erlangten Kenntnisse sind in der Regel keine bleibenden, wie sich jeder,
der mit Arbeitern und Dienstboten in Verkehr steht, täglich
überzeugen kann. Einen einfachen Gedanken nur einiger-
maassen orthographisch und grammatisch richtig niederzuschreiben, ist den meisten unmöglich.

Mit dieser Art von Vorbildung, die, wenn sie sich gründet
auf die Berechtigung zum einjährigen Dienste im Heere,
nicht zweckmässig, wenn sie sich gründet auf die Volksschule, in keiner Weise ausreichend ist, tritt nun der junge
Kaufmann in einen Laden oder in ein Kontor, um ein
Kaufmann zu werden, der den Göttern gehört.

Wenn man nicht sagen will, in den meisten, so doch in
sehr vielen Fällen nehmen Geschäftsinhaber Lehrlinge nur
an, um sich billige Arbeitskräfte zu beschaffen, das Pflicht-
gefühl, die jungen Leute auch wirklich auszubilden, sie mit
allen Zweigen im Geschäfts bekannt zu machen, wohnt einer
grossen Anzahl von ihnen sicherlich nicht inne, gebricht es
doch manchem dieser kaufmännischen Lehrherren selbst
an der nöthigen Bildung und Befähigung hierfür. Eine ganze
Reihe von Geschäften, namentlich von Waarengeschäften,
sucht in den Lehrlingen für den Detailverkauf nur Ersatz

für besser zu besoldende Verkäufer, und in der Zeit zu Ostern
und Michaeli sind die Zeitungen von Annoncen gefüllt, in
denen Lehrlinge mit oder ohne die Berechtigung zum einjährigen Dienste gesucht werden. Wie stark die Nachfrage
nach Lehrlingen ist, geht auch aus den Berichten des „Hamburger Vereins für Handlungskommis von 1858" hervor, der
auch Lehrlingsstellen vermittelt; bei diesem Vereine waren
1892 1114 Stellen vacant, von denen nur 232 mit Lehrlingen
besetzt werden konnten.

Gewöhnlich nimmt nun der junge Mann die erste beste
Lehrlingsstelle an, unbekümmert, ob er auch in dem Geschäfte eine gute Ausbildung erhalten kann, und seine geringe Vorbildung erschwert es ihm zu erkennen, ob ihn die
übertragenen Arbeiten vorwärts bringen oder nicht. Zunächst holt er das Frühstück für die älteren Kollegen, dann
macht er alle möglichen Hilfsarbeiten, siegelt Geldbriefe,
schnürt Packete, trägt sie auf die Post u. s. w. Langsam
steigt er auf, kopirt Briefe, muss auch wohl, wenn seine
Handschrift eine leidliche ist, Fakturen oder Briefe mit täglich wiederkehrendem Inhalte schreiben, diese oder jene ganz
nützliche Arbeit verrichten; aber die Arbeit bleibt fast immer
eine mechanische, und es fehlt dem jungen Manne an der
elementaren Grundlage, um eine wirklich geistige Thätigkeit auszuüben und sich über das Ziel, das er erreichen
muss, klar zu werden. Er bleibt ein mechanischer Hilfs-
arbeiter auch für seine spätere Laufbahn, für die doch eigene
geistige Arbeit, Selbstständigkeit des Denkens und das Gefühl
der Verantwortlichkeit die Grundbedingungen sind. Auch
der schon erwähnte Direktor Harry Schmitt spricht sich
ähnlich über die Art und Weise der Lehrlingsausbildung
aus und beklagt es, dass so manche Eltern und Vormünder
zu wenig vorsichtig in der Wahl der Lehrherrn für ihre
Söhne resp. Mündel sind. Wenn die Eltern später von der
Unzulänglichkeit der Ausbildung ihres Sohnes sich über-

— 21 —

zeugen, so ist es in der Regel zu spät und die verlorene Zeit
nicht wieder einzubringen[1]). Aus diesem Grunde hat auch
die gegenwärtig tagende Kommission für die zweite Lesung
des Bürgerlichen Gesetzbuchs beschlossen, den Abschluss
eines Lehrvertrags, den der Vormund für ein Mündel ab-
schliesst, und der die Dauer eines Jahres überschreitet,
abweichend von den bisherigen Bestimmungen, von der Ge-
nehmigung des Vormundschaftsgerichts abhängig zu machen.
Die Kommission sagte sich, dass bei einem Vertrage, der
für ein ganzes Leben von bestimmendem Einfluss ist, eine
stärkere Kontrolle als die bisher übliche, nothwendig sei.

In vielen, namentlich in grösseren Geschäften bietet sich
dem Lehrlinge auch nicht die Gelegenheit, das Geschäft
nach seinem ganzen Umfange kennen zu lernen; weder die
Inhaber, noch die höheren Angestellten haben Zeit, ihn mit
allen Zweigen des Geschäfts bekannt zu machen. Bringt
der Lehrling nicht selbst Neigung und Fähigkeit mit, den
Gang des Geschäfts zu beobachten, und über die Tages-
arbeit hinaus sich zu unterrichten, so wird er, auch wenn
er willig und fleissig ist, nie ein rechter Kaufmann.

Nach drei Jahren ist nun die Lehrzeit beendet, der
junge Mann tritt als Kaufmann in die Welt und versucht
sein Glück, d. h. er sucht zunächst eine Stellung. In vielen
Fällen, und das wird ja oft von den Eltern oder dem Vor-
munde des jungen Mannes als eine besondere Gunst der
Verhältnisse betrachtet, bleibt er in dem Geschäfte, in das
er von der Schule kommend, als Lehrling eingetreten war.
Er hat sich anstellig und zuverlässig gezeigt, mit den Jahren
das Vertrauen seiner Geschäftsinhaber gewonnen, er steigt

---

[1]) Die Berliner „Neuest. Nachr." brachten am 9. Juni 1891 unter
der Spitzmarke „Lehrlingszüchterei" eine Notiz, nach der sich ein Vater
ausnahmsweise einmal entschlossen hat, einen gewissenlosen Lehrherrn
auf Schadenersatz zu verklagen, weil sein Sohn, anstatt etwas ordent-
liches zu lernen, nur unnütz seine Zeit dort verbracht habe.

langsam empor und sein Gehalt wird verbessert. Das ist
für viele ein Glück, für viele auch ein Unglück; so mancher
verlernt dabei vollständig, sich in anderen Verhältnissen zu-
recht zu finden. Er kennt die Bedürfnisse des einen, mehr
oder minder begrenzten Geschäfts, und über dasselbe geht
sein Blick nicht hinaus. Tritt nun eine Aenderung ein,
wird das Geschäft aus irgend einer Ursache aufgelöst, stirbt
der wohlwollende Chef und neue Inhaber mit anderen Ideen,
mit anderen Grundsätzen übernehmen die Geschäftsführung,
so fehlt dem inzwischen älter gewordenen oft die Fähigkeit,
sich in andere geschäftliche Verhältnisse hineinzuleben.
Immerhin ist das Verbleiben des jungen Mannes in dem
Geschäfte, in dem er ausgelernt hat, in dem er seine erste
Ausbildung erhalten, ein günstiger Fall. Diejenigen hin-
gegen, die in einer Lehre waren, wo man ihre Arbeitskraft
nur zu untergeordneten Diensten ausnutzte und die nun
nach beendeter Lehrzeit gezwungen sind, sich eine Lebens-
stellung zu suchen, die keine kaufmännischen Erfahrungen
gesammelt, die keine kaufmännische Bildung haben, sind
in der traurigsten Lage: sie bilden das grosse Heer der
Stellenlosen. Diesen tausenden und tausenden von
jungen Leuten das Fortkommen zu erleichtern,
muss die Aufgabe des gesammten Kaufmannsstandes
sein. Die kaufmännischen Vertretungen, die Handelskammern und Korporationen müssen es sich endlich angelegen
sein lassen, für die Fachbildung des jungen Kaufmanns zu
sorgen, sie in einer Weise auszugestalten, wie sie bisher für
die jungen Gewerbetreibenden organisirt ist. Diese Forderung
ist schon in den ersten Jahrzehnten unseres Jahrhunderts
erhoben worden[1]). Schon damals waren die Staatsmänner
unter Stein und Hardenberg bestrebt, das kaufmännische

---

[1]) S. Verhdlg. d. Pr. Abg. H. 1885, S. 992; s. a. Friedrich und
Paul Goldschmidt, Leben des Staatsraths Kunth. 2. Aufl. Berlin 1888.

Unterrichtswesen zu fördern, nicht allein durch den kaufmännischen Schulunterricht, sondern auch durch Hebung der kaufmännischen Moral und des kaufmännischen Pflichtgefühls. So verlangte der bekannte Staatsrath Kunth ausdrücklich, dass in dem Lehrplan einer kaufmännischen Anstalt die kaufmännische Moral zum Gegenstande des Unterrichts gemacht werde.

In Preussen bestanden 1890 neben 52 höheren gewerblichen Fachschulen, welche staatlich überwacht und im Etat von 1892 mit 886 993 M. subventionirt wurden, 781 gewerbliche Fortbildungsschulen, die einen staatlichen Zuschuss von 440 000 M. erhielten. Es ist dabei besonders hervorzuheben, dass die Zahl der gewerblichen Schulen, wie die der Schüler in stetem Wachsthume begriffen ist. So vermehrte sich die Zahl der gewerblichen Schulen in dem Zeitraume von vier Jahren, von 1886—1890 um 259, die Zahl der Schüler um 25 101, so dass 1890 93 029 junge Gewerbetreibende die preussischen Fachschulen besuchten. Daneben bestanden 1890 148 Innungsschulen mit 6805 Schülern, die den Elementarunterricht genossen, und 141 Innungsschulen, mit 5313. Schülern für den Fachunterricht[1]).

Um den kaufmännischen Fach- und Fortbildungsunterricht kümmert man sich in Preussen sehr wenig. Die meisten der kaufmännischen Fortbildungsschulen danken privater Anregung ihr Entstehen und gründen sich auf freiwillige Beiträge und Zuschüsse von Handelskammern und kaufmännischen Korporationen, oder auch von Gemeinden. Die Fürsorge der preussischen Regierung beschränkt sich auf eine geringe financielle Beihilfe, und darauf, dass von ihr der Vorschlag ausging, in der Gewerbeordnungs-

---

[1]) Denkschrift des Handelsministeriums über die Entwicklung der Fortbildungsschulen und gewerblichen Fachschulen in den Jahren 1883 bis 1890. Berlin 1891.

novelle von 1890 den §. 120 umzugestalten und auch auf die Handlungsgehilfen auszudehnen[1]).

Der Lehrplan dieser auf eigene Kraft gestellten Schulen ist naturgemäss ein begrenzter, und der Unterricht findet fast auschliesslich in den Abendstunden von 8 — 10 Uhr statt, wenn der junge Mann ermüdet von seinem Tagewerk heimkehrt. In Berlin ist wohl die ausgedehnteste kaufmännische Fortbildungsschule diejenige, an deren Spitze ein Kuratorium unter dem Vorsitz des Herrn Rechtsanwalts Dr. Haase steht, die im Beginne des Wintersemesters 1893/94 1148 Schüler zählte und die in drei städtischen Anstalten untergebracht ist. In dem Unterricht, für den ein mässiges Schulgeld zu entrichten ist (18 M. im Wintersemester, 15 M. im Sommersemester), werden folgende Fächer gelehrt: **Deutsch und kaufmännische Korrespondenz, kaufmännisches Rechnen, doppelte und einfache Buchführung, Handelslehre, kaufmännische Processkunde, kaufmännisches Fabrikwesen, Handelsgeographie, Waarenkunde, Schreiben, Stenographie, Französisch, Englisch und Spanisch.** Dieser Schule zunächst steht die Fortbildungsschule des „**Vereins Berliner Kaufleute und Industrieller**", welche im Winterhalbjahr 1892/93 von 361 Schülern besucht wurde. Das Schulgeld in dieser Anstalt betrug für 1—4 Unterrichtsstunden vierteljährlich 6 M., halbjährlich 10 M., für 5 oder mehr Unterrichtsstunden in der Woche vierteljährlich 9 M. halbjährlich 15 M. Kaufmännischer Unterricht wird auch im „**Berliner Handwerkerverein**" ertheilt, natürlich eben-

---

[1]) Der betr. Satz d. § 120 lautet: „Die Gewerbeunternehmer sind verpflichtet, ihren Arbeitern unter 18 Jahren, welche eine von der Gemeindebehörde oder vom Staate als Fortbildungsschule anerkannte Unterrichtsanstalt besuchen, hierzu die erforderlichenfalls von der Behörde festzusetzende Zeit zu gewähren."

falls in den Abendstunden; der Unterricht dort beschränkt sich aber auf einfache und doppelte Buchführung, kaufmännisches Rechnen, Englisch und Französisch. Die Vorlesungen, welche das Aeltestenkollegium der Kaufmannschaft von Berlin halten lässt und welche von nicht sehr zahlreichen Hörern besucht werden, werden von anerkannten Fachmännern gehalten, u. a. wird vorgetragen über Kredit- und Bankwesen, Handelsrecht, Handelsgeographie, Versicherungswesen mit Rücksicht auf die Reichsgesetzgebung, Konkursverfahren, Vollmacht, kaufmännische Kommission, Zwangsversteigerung u. s. w.

In einer ganzen Reihe anderer preussischer Städte befinden sich ebenfalls kaufmännische Fortbildungsschulen, welche, wie diejenigen in der Hauptstadt, hervorgegangen sind aus der Thätigkeit einer freien Vereinigung, einer Handelskammer oder einer Gemeinde oder gelegentlich auch aus dem Zusammenwirken mehrerer dieser Faktoren. Der preussische Staat als solcher besitzt eine kaufmännische Schule, die zu Aachen, welche mit einer gewerblichen Tagesschule verbunden ist. Er subventionirt aus dem Dispositionsonds des Handelsministeriums 17 solcher Schulen mit 12235 M., 59 bleiben ohne jegliche staatliche Beihilfe und ohne jeglichen Zusammenhang mit der staatlichen Verwaltung. Die Zahl der Schüler in diesen sämmtlichen kaufmännischen Fortbildungsschulen betrug 1892 7490.

Im Königreich Sachsen mit seinen $3\frac{1}{2}$ Millionen Einwohnern, während Preussen über 30 Millionen zählt, bestanden 1890 neben 7 höheren Handelsschulen 34 kaufmännische Fortbildungsschulen, von denen 16 Zuschüsse der Regierung erhielten, und die übrigen 18 eines Zuschusses nicht bedurften. Neben diesen genannten Schulen bestehen noch kleinere kaufmännische Fortbildungsschulen, die anderen Schulen angegliedert sind. Die Gesammtzahl aller Schüler der kaufmännischen Fortbildungsschulen betrug 1892 3219, also in Sachsen auf 100000 Einwohner 91 Schüler, in Preussen auf 100000 Einwohner 25 Schüler. Die Zuschüsse von Seiten der sächsischen Regierung sind aber nicht der einzige Grund, aus dem das kaufmännische Fortbildungsschulwesen in Sachsen soviel besser entwickelt ist als in Preussen. Es ist nicht angenehm für einen Preussen, zu hören, dass der Bericht einer öffentlichen Handelslehranstalt wörtlich sagt:

„Die Klagen, welche über die Stellung der Kaufmannswelt, sowie der staatlichen und städtischen Behörden zu den kaufmännischen Fortbildungsschulen geäussert werden, beziehen sich meist auf Preussen. Die günstigen Verhältnisse, deren sich die Anstalten in andern Staaten erfreuen, werden voll gewürdigt, und es wird insbesondere die Fürsorge anerkannt, welche das Königl. Sächsische Ministerium des Innern den ihm unterstellten Fachschulen zu teil werden lässt"[1]).

In Sachsen sind die kaufmännischen Fortbildungsschulen nicht losgelöst vom allgemeinen Schulwesen, sondern stehen, wie die anderen Schulen unter dem Ministerium des Innern. Der Kgl. Gewerbeschulinspektor inspicirt die kaufmännischen Schulen so gut, wie die gewerblichen Fachschulen, und der Thätigkeit des gegenwärtigen Schulinspektors für die kaufmännischen Fachschulen wird von allen Seiten mit der grössten Anerkennung gedacht.

Im Königreich Württemberg mit seinen 2030000 Einwohnern bestehen 3 Handelsschulen mit 418 Schülern und 17 kaufmännische Fortbildungsschulen mit 1785 Schülern; der Staat trägt die Hälfte aller Kosten.

In Baden und Bayern steht das kaufmännische Bildungswesen auf keinem höheren Niveau, als in Preussen, da-

---

[1]) 38. Bericht über die öffentliche Handelslehranstalt der „Dresdener Kaufmannschaft" S. 13.

gegen hat Hamburg, derjenige deutsche Staat allerdings, dessen Interessen fast ausschliesslich dem Handel gehören, und dessen Bewohner vor allen anderen am besten die Bildung und den weiten Blick am Kaufmanne zu schätzen wissen, aus freier Vereinsthätigkeit heraus eine kaufmännische Handelslehranstalt geschaffen, die überall als Muster dienen kann. In der durch den „Verein für Handlungskommis von 1858" schon im Jahre 1868 begründeten Anstalt wurden am 1. Juli 1893 133 Kommis und 607 Lehrlinge unterichtet. Diese Anstalt hat vollständige Tageskurse und unterhält gleichzeitig für diejenigen, die am Tage ohne Unterbrechung an ihr Geschäft gebunden sind, Abendkurse. Die Unterrichtsfächer vertheilen sich auf: Rechnen, Deutsch, Englisch, Französisch, Spanisch, Schönschreiben, doppelte Buchführung, Stenographie und Handelswissenschaften. Der letzte Jahresbericht dieser trefflichen Anstalt hebt hervor, dass Hamburger Firmen neben materiellen Kundgebungen ihres Wohlwollens in richtiger Erkenntniss, dass sie aus der erweiterten Bildung ihrer jungen Leute selbst den grössten Nutzen ziehen, ihren Angestellten gern freie Zeit geben, um auch an den Tageskursen theil zu nehmen, eine Handlungsweise, die von Seiten des Kaufmannsstandes anderer Städte sehr eine Nacheiferung verdient. Viele Hamburger Kaufleute tragen auch die Kosten für den Unterricht ihrer Angestellten selbst.

Wenden wir unsere Blicke über Deutschland hinaus nach unserm Nachbarstaate, dem uns befreundeten Oesterreich-Ungarn, so müssen wir sagen, dass das kaufmännische Schulwesen dieses Staates, sowohl was die staatliche Fürsorge, als was die Organisation des Unterrichts und die Ausbildung geeigneter Lehrkräfte betrifft, uns zum Vorbilde dienen sollte. In ganz Oesterreich-Ungarn bildet das kaufmännische Schulwesen einen Theil des allgemeinen staatlichen Schulwesens. Einheitlich sind geregelt der Lehrgang, die Prüfungs-

vorschriften, die wissenschaftliche und praktische
Ausbildung der Lehrer. Die materielle Grundlage dieser
kaufmännischen Schulen ist je nach dem Bedürfnisse der
einzelnen Kronländer bestimmt, und überall sind die Inter-
essenten verpflichtet, ihrerseits für die kommerciellen Schulen
beizutragen. In Niederösterreich z. B. schreibt das Landes-
gesetz vom 25. Januar 1887 vor: „dass zur Errichtung und
Erhaltung der Vorbereitungs- und gewerblichen Kurse, unter
denen hier die kaufmännischen Fachschulen verstanden
werden, beizutragen verpflichtet sind:

In Wien:

Die Gewerbetreibenden nach Maassgabe ihrer
Erwerbsteuer mit . . . . 45 Procent
Die Kommune Wien mit . . . . 20 „
Der Landesfonds mit . . . . 25 „
Die zur Handels- und Gewerbekammer beizu-
tragen verpflichteten Gewerbetreibenden
Niederösterreichs nach Maassgabe ihrer Er-
werbsteuer mit . . . . 10 „

Ausser Wien:

Die Gewerbetreibenden des betreffenden Gewerbeschulbezirkes nach Maassgabe ihrer
Erwerbsteuer mit . . . . 35 Procent
Der Landesfonds mit . . . . 35 „
Die Gemeinden des Gewerbeschulbezirkes
mit . . . . 15 „
Die zur Handels- und Gewerbekammer beizutragen verpflichteten Gewerbsleute Niederösterreichs nach Maassgabe ihrer Erwerbsteuer mit . . . . 15 „

Zur Errichtung und Erhaltung der gewerblichen Fach-
kurse sind in Wien, nur insofern der bestehende Gewerbe-
schulfonds nicht ausreicht, ausser Wien aber immer die be-

sonders betheiligten Gewerbetreibenden nach Maassgabe ihrer Erwerbsteuer beizutragen verpflichtet.

Die Lehranstalten, mit welchen gewerbliche Fortbildungsschulen in Verbindung stehen, tragen die Kosten für Beheizung und Beleuchtung der für den Unterricht erforderderlichen Lokalitäten.

Die durch die Gewerbetreibenden zu leistenden Beiträge sind durch dieselben Organe und Mittel einzuheben, durch welche die Einhebung der Steuern erfolgt".

Aber wenn auch die Summe, welche der Staat zur Unterhaltung des kommerciellen Unterrichts beiträgt, verhältnissmässig gering ist, so sind doch seine Zuschüsse von 18 800 Gulden i. J. 1877 bis 1892 auf 48 300 Gulden gestiegen, und sie betrugen 1893 57 250 Gulden.

Das Handels- und kaufmännische Schulwesen ist besonders hoch entwickelt in Wien. Die im Jahre 1858 von dem direkt zu ihrer Gründung zusammengetretenen Verein errichtete Handelsakademie hat sich die höchste kaufmännische Ausbildung zum Ziele gesetzt; man könnte ihre oberste Stufe eine Art kaufmännischer Universität nennen. An dem Unterricht der obersten Stufe, dem einjährigen Abiturientenkurse dürfen nur diejenigen theilnehmen, welche nach abgelegtem Maturitätsexamen einer Oesterreichischen Mittelschule, das der Reifeprüfung eines preussischen Gymnasiums entspricht, sich eine hervorragende kaufmännische Ausbildung erwerben wollen. Die Auswahl der hier gelehrten Gegenstände ist so getroffen, dass sie einen einheitlichen Lehrkursus bilden, der auch vollständig absolvirt werden muss, und an dessen Schlusse eine Prüfung stattfindet. Nur eine solche Prüfung kann über den Besuch dieser nicht allein in Oesterreich hoch angesehenen Schule ein Zeugniss gewähren. Der Lehrplan erstreckt sich auf Vorträge aus dem Gebiete der Nationalökonomie, in welchen die wichtigsten Thatsachen aus der Entwickelung des wirthschaftlichen Lebens und dessen gegenwärtigen Verhältnissen erörtert und namentlich die allgemeinen Lehren von der Güterproduktion, der Vertheilung und dem Gebrauche der Güter und diejenigen Zweige behandelt werden, die eine besondere Bedeutung für Handel und Industrie haben, wie Bank-, Geld- und Kreditwesen, Währungsfragen, wie die Lehre von den Transportmitteln, der Handelspolitik und den Handelskrisen. Eine besondere Aufmerksamkeit wird der kaufmännischen und politischen Arithmetik gewidmet [2]).

Jene umfasst Besprechungen der wichtigsten modernen Maasse, Gewichte und Münzen, die Zinsen- und Diskontrechnung; die Conto-Corrent-Berechnung nach den verschiedenen, in der Praxis vorkommenden Methoden; die Gold-, Silber und Münzrechnung; die Devisen- und Effektenrechnung nach den Usancen von Wien, Amsterdam, Berlin, Frankfurt a. M., Hamburg, London und Paris, Erklärung der Börsen- und Prolongationsgeschäfte; die Arbitrage- und Paritätenrechnung in Devisen, Effekten, Valuten, Gold und Silber; die politische Arithmetik dagegen Zinseszinsen- und Rentenrechnung mit dekursiver und anticipativer Verzinsung, Berechnung der Annuitäten, der Hypothekar-Darlehen, Prioritäts- und Lotterie-Anlehen, Konstruktion der Tilgungspläne für derlei Anlehen, Erklärung der Konvertirungen von Anlehen.

Der Lehrplan erstreckt sich ferner auf Handels-, Wechsel- und Gewerberecht, auf Handelsgeographie und Statistik, Buchhaltnng und Korrespondenz, internationale Handelskunde, Versicherungswesen, auf die modernen Sprachen und auf Waarenkunde. In diesem Zweige des Unterrichts werden die vegetabilischen, die animalischen und mineralogischen Produkte besprochen, und die Hörer mit deren physikali-

---

[1]) Siehe Glasser, das kommercielle Bildungswesen in Oesterreich-Ungarn. Wien und Leipzig 1893. S. 130.

schen, chemischen und naturhistorischen Eigenschaften bekannt gemacht, damit sie befähigt werden, die Waaren auf ihre Echtheit zu untersuchen und im Stande sind, die Surrogate zu erkennen, besonders aber wird die Aufmerksamkeit auf die österreichischen Export- und Importwaaren gerichtet. Denjenigen Theilnehmern dieses Kursus, die sich besonders dafür interessiren, ist Gelegenheit zu selbstständigen technologischen Arbeiten im physikalischen und chemischen Laboratorium gegeben. Zur Vertiefung des Unterrichts dient auch eine reichlich ausgestattete Lehrmittelsammlung, bestehend aus einem physikalischen und chemischen Laboratorium, einem geographischen und kulturhistorischen Kabinet, und einem Museum und Laboratorium für Waarenkunde. Neben dieser Aufgabe hat die Akademie noch den Zweck, geeignete Lehrkräfte für den kommerciellen Unterricht in Oesterreich auszubilden.

In dem obersten Kurse der genannten Akademie wurde 1878 der Unterricht mit 61 Abiturienten begonnen; 1892 betrug ihre Zahl bereits 111. In den sonstigen Klassen erhielten 669 Schüler die gewöhnliche kommercielle Ausbildung einer dreiklassigen Handelsschule, deren Abgangsprüfung zum Dienst als Einjährig-Freiwilliger in der österreichischen Armee berechtigt. Die nicht unerheblichen Kosten der gesammten Anstalt werden aufgebracht durch ein ziemlich beträchtliches Schulgeld, 160 Gulden im Jahre, und durch freiwillige Beiträge, welche aus den Kreisen der Kaufleute in voller Anerkennung der Bedeutung der Akademie reichlich fliessen; auch verfügt sie über verschiedene Schenkungen und Legate.

Solche Handelsakademien mit einem obersten Kurse giebt es noch in Budapest und Triest, eine weitere in Graz ist noch in der Bildung begriffen.

Mit der Handelsakademie in Budapest, welche in ihrem obersten Kurse 50 Schüler, in den unteren Klassen 533

Schüler zählt, und deren Schulgeld 150 Gulden im Jahre
beträgt, ist ein orientalischer Handelslehrkurs ver-
knüpft. Derselbe hat den Zweck, für die Handelsthätigkeit
mit dem Orient besonders vorzubereiten. Der Unterricht beschränkt sich nicht auf die Ausbildung in den orientalischen
Sprachen, sondern er macht die Hörer bekannt mit allen
Verhältnissen des Orients, den dortigen Handelsgebräuchen,
den religiösen Sitten. Gelehrt wird die rumänische, serbische,
bulgarische und türkische Sprache, ausserdem Neugriechisch
und Französisch, ferner, Volkskunde und Geschichte des
Orients, Handelsgeographie und Zollwesen des Orients und
in Verbindung damit, internationale Rechtskunde, Konsular-
wesen und Kommunikationswesen. Besondere Aufmerksamkeit wird den Beziehungen Ungarns zu seinen Nachbarlän-
dern, ebenso dem Konsulatswesen und der Rechtspflege jener
Länder gewidmet, was um so wichtiger ist, als die orientalischen Gerichtsverhältnisse von denen des übrigen Europa
so sehr abweichen. Kurz, der junge Handelsakademiker
lernt Alles, was ihm im Verkehr mit dem Oriente einen Vor-
sprung vor den anderen sichern kann. Dieser orientalische
Kursus hat eine Dauer von 2 Jahren und zählte 1893 20
Hörer, welche den geringen Betrag von 40 Gulden jährlich
zahlen. Die Hörer unterscheiden sich in ordentliche und
ausserordentliche, in solche, welche sich verpflichten, an
sämmtlichen vorgeschriebenen Lehrgegenständen Theil zu
nehmen, und solche, welche nur einzelne Fächer hören.
  Die Handelsschule in Triest nimmt im Gegensatz zur
Akademie in Wien und Budapest nur Schüler auf, die das
Abiturientenexamen bestanden haben; sie besteht also nur
in einem obersten Kurse, der eine Dauer von 2 Jahren hat.
Sie ist eine hochherzige Stiftung eines Triester Kaufmanns,
des Barons Revoltella, der sie mit einem Kapital von
300000 Gulden ausstattete. Sie begann 1878 mit 14 Schülern
und zählte 1893 deren 23.

Die Akademien in Wien und Triest zeichnen sich auch dadurch aus, dass sie junge Leute, welche auf ihnen ausgebildet sind, und die sich in mehrjähriger praktischer Thätigkeit bewährt haben, ins Ausland schicken, um dort die österreichisch-ungarischen Handelsbeziehungen zu fördern. Der Reisestipendienfonds der Wiener Handelsakademie beträgt 60000 Gulden; er ist 1886 durch freiwillige Beiträge aus den verschiedensten Erwerbskreisen begründet worden, die in voller Erkennsniss des nützlichen Zweckes vielfach sehr bedeutende Summen beisteuerten. An der Spitze der Spender stand der österreichische Kaiser mit 5000 Gulden. Die Ziele, die mit diesem Stipendienfonds erreicht werden sollen, sind sehr weit gesteckt[1]) und mit grossem Ernste

---

[1]) In der Instruction heisst es: Siehe Glasser — l. c. S. 123.

Der junge Kaufmann, welcher im Auftrage und auf Kosten der Wiener Handels-Akademie ins Ausland geht, muss sich immer vor Augen halten, dass es seine Aufgabe ist, die kommerciellen Verhältnisse des betreffenden Platzes durch eigene Anschauung möglichst genau kennen zu lernen, um dort für den Absatz österreichischer Produkte zu wirken und thunlichst die Gründung eines nationalen Hauses vorzubereiten.

In dieser Absicht werden als Ausführung des § 9 des Programmes für die Reisestipendien der Wiener Handels-Akademie folgende Bestimmungen getroffen:

1. Der Stipendist ist verpflichtet, zu der ihm vom Verwaltungsrathe der Wiener Handels-Akademie festgesetzten Zeit auf jenem Handelsplatze einzutreffen, für welchen ihm das Stipendium verliehen wurde.

2. Derselbe hat sich nach seiner Ankunft bei dem dortigen k. u. k. österreichisch-ungararischen Consultate auf Grund der ihm beim hohen Ministerium des Aeussern erwirkten Legitimation vorzustellen und darf ohne specielle Bewilligung der Wiener Handels-Akademie oder ohne zwingenden Anlass diesen Handelsplatz nicht dauernd verlassen, solange er das Stipendium geniesst.

3. Der Stipendist ist verpflichtet, in ein Haus des betreffenden Handelsplatzes, allenfalls auch als Volontär, einzutreten. Zur Erreichung dieses Zieles wird die Wiener Handels-Akademie bereits vor dem Ein-

wird darauf gehalten, dass der Stipendiat seine Verpflichtungen erfüllt. Wenn auch, wie aus dem Berichte über die Wirksamkeit des Stipendienfonds hervorgeht, bis jetzt die Erwartungen nicht voll erfüllt worden sind, so darf doch Niemand die Bedeutung einer solchen Weiterbildung im Auslande verkennen. Die jungen Kaufleute, theoretisch und praktisch genügend vorgebildet, erweitern ihren Gesichtskreis, lernen Land und Leute kennen, und wenn man sie auch heute noch nicht als Pioniere bezeichnen kann, so dienen sie doch mittelbar dem Handel mit ihrer Heimat.

Der Reisestipendienfonds der Triester Handelsakademie verfolgt bescheidenere Ziele, er soll nur zur weiteren Ausbildung der jungen Kaufleute dienen. Den Stipendiaten liegt die Verpflichtung ob, sich an den ihnen vom Kuratorium bezeichneten Handelsplatz zu begeben und sich daselbst in einem grösseren Handelshause als Volontärs dem praktischen Studium der Handelsverhältnisse zu widmen. Sobald sie jedoch im Laufe der Zeit zu honorirten Stellungen gelangen, entfällt das Stipendium entweder gänzlich oder wird im Verhältnisse zu dem von dem Stipendiaten bezogenen Gehalte vermindert[1]).

Es ist ja nicht zu leugnen, dass so mancher deutsche Kaufmann im Auslande zu grossem Ansehen gelangt, die Erzeugnisse deutschen Fleisses und deutscher Ausdauer in ferne Länder trägt, aber es sind nur einzelne, besonders befähigte und begabte, meist Söhne aus dem Handelsstande,

---

treffen des Stipendisten durch Unterstützung des k. u. k. österreichisch-ungarischen Konsulates oder befreundeter Handelshäuser die nothwendigen Einleitungen treffen.

4. Nach einem Aufenthalt von einem halben Jahr erwartet die Wiener Handels-Akademie von dem Stipendisten einen kurzen Bericht über seine Thätigkeit. Vor Ablauf des ersten Jahres ist jedoch der Stipendist verpflichtet, einen eingehenden Bericht über die von ihm auf diesem Handelsplatze entwickelte kommerzielle Thätigkeit zu erstatten.

[1]) Glasser, a. a. O. — S. 172.

bei denen Erziehung, Umgebung, Ueberlieferung, vielleicht auch die Art des väterlichen Geschäfts die Lust und Neigung dafür geweckt und ausgebildet haben. Eine Förderung auch nur durch die eigenen Berufsgenossen erfährt der Deutsche nicht, und bis heute haben wir keine einzige Handelsakademie im deutschen Reiche, die sich ernstlich der Vorbereitung des deutschen Kaufmanns für den Handel mit dem Auslande annimmt.

Der Verfasser hat so ausführlich bei den kaufmännischen Hochschulen und Akademien in Oesterreich-Ungarn geweilt, um die allgemeine Anschauung in Oesterreich von dem kaufmännischen Wissen und Können ins richtige Licht zu setzen. Die grosse Mehrzahl wird naturgemäss weder in Oesterreich noch bei uns den eben geschilderten Bildungsgang nehmen, für sie kommt allein die kaufmännische Fortbildungsschule und die Handelsmittelschule in Betracht. Wenn es in Preussen an kaufmännischen Hochschulen fehlt, so kann man solche allenfalls für entbehrlich halten, aber es fehlt in Preussen, und das ist das Beklagenswerthe, für die grosse Menge unserer Handlungsgehilfen an jeder Organisation des allgemeinen Mittel- und Fortbildungsschulwesens, und hierin kann uns Oesterreich zum Muster dienen.

Neben diesen höheren Handelsakademien bestehen in Oesterreich-Ungarn noch Handelsmittelschulen. Sie ersetzen dem jungen Manne, der sich den kaufmännischen Beruf erwählt hat, diejenigen Klassen der deutschen Lehranstalten, deren Absolvirung die Berechtigung zum einjährig-freiwilligen Dienste im deutschen Heere giebt, die aber, wie bereits oben erwähnt, zur eigentlichen kaufmännischen Bildung wenig beitragen. Die zahlreichen und gut organisirten kaufmännischen Fortbildungsschulen in Oesterreich sind für diejenigen, die als Lehrlinge oder Angestellte in Geschäften thätig sind und deren Vorbildung über das Maass der Volksschule nicht hinausgeht.

In der österreichischen Monarchie mit Ausnahme Ungarns, dessen Schulwesen dem ungarischen Unterrichtsmini-
sterium unterstellt ist, stehen die Handelsschulen und die
kaufmännischen Fortbildungsschulen unter der gemeinsamen
Verwaltung des Unterrichts- und Handelsministeriums. Die
österreichische Handelsmittelschule zerfällt in zweiklassige
und dreiklassige; der Lehrplan ist einheitlich geregelt.
Die Lehrfächer für die zweiklassigen Schulen sind[1]) Religion,
die Unterrichtssprache des betreffenden Kronlandes, bei
welcher Werth darauf gelegt wird, dass eine Fähigkeit, sich
mündlich und schriftlich auszudrücken bei den Schülern
ausgebildet werde, kaufmännisches Rechnen, kaufmännische
Korrespondenz, Buchhaltung, Handels- und Wechselkunde,
Geographie, Naturgeschichte, Physik, Chemie und Waarenkunde, doch diese nur insoweit, als sie durch Demonstrationen
leicht und fasslich behandelt werden kann, ferner auch
Schönschreiben und Stenographie. Es ist bemerkenswerth,
dass die zweiklassige Handelsschule einen zweijährigen
Kursus in der Stenographie vorschreibt, und dass die
Schüler es darin so weit bringen sollen, dass sie 80—100
Worte in der Minute zu schreiben und jedes selbstgeschrie-
bene Stenogramm schnell und sicher zu lesen im Stande
sein sollen.

In der dreiklassigen Handelsschule wird der Unterricht in den Gegenständen, welche die zweiklassige Schule
lehrt, vertiefter und systematischer behandelt; so wird z. B.
in der Waarenkunde die blosse Demonstration verlassen,
und die pflanzlichen und thierischen Stoffe auf streng natur-
wissenschaftlicher Grundlage behandelt.

Hinzu tritt auch der Unterricht in der Nationalökonomie,
Handels- und Gewerbegesetzgebung und in den neueren
Sprachen. Die bestandene Entlassungsprüfung der drei-

---

[1]) Siehe Glasser, a. a. O. S. 61—66.

klassigen Schule gewährt die Berechtigung zum einjährigen
Dienste, während dieselbe Prüfung der zweiklassigen Handelsschule nur dann diese Berechtigung gewährt, wenn der
Schüler ausser den oben bezeichneten Fächern noch die
vorgeschriebenen Kenntnisse in den neueren Sprachen nach-
weist. Der einfache kaufmännische Fortbildungsunterricht wird, wie das bei uns der Fall, hauptsächlich in den
Abendstunden ertheilt, doch besteht für Niederösterreich ein
Gesetz, das man gegenwärtig auf die anderen Kronländer
auszudehnen bestrebt ist, dass da, wo Fortbildungsschulen
vorhanden sind oder errichtet werden, bei denen der Unterricht in den Morgenstunden bis 9 Uhr oder in den Abendstunden von 6 Uhr an ertheilt wird, die jungen Leute zum
Besuche des Unterrichts gezwungen und ihre Chefs verpflichtet werden können, ihnen die nöthige freie Zeit zu
lassen. Solche Verpflichtung kann ausgesprochen werden
vom Landesschulrath im Einverständniss mit dem Landes-
ausschuss und der niederösterreichischen Handels- und Gewerbekammer. Diese einfache kaufmännische Fortbildungsschule ist berechnet für junge Leute mit keiner
anderen Vorbildung, als der der Volksschule. Sie hat 2
Jahreskurse und besitzt für diejenigen, deren Volksschulbildung mangelhaft ist, eine Vorbereitungsklasse, so dass
Fortbildungsschule und Vorbereitungsklassen zusammen eine
3 klassige Anstalt ausmachen. Der Lehrplan dieser Schulen
ist einheitlich für ganz Oesterreich und sei hier um der
Bedeutung der Sache willen vollständig mitgetheilt[1]).

---

[1]) Glasser, S. 38.

Normal-Lehrplan für kaufmännische Fortbildungsschulen mit sechs oder acht wöchentlichen Lehrstunden.

Unterrichtssprache.

Lehrziel: Klares Verständniss der Mittheilungen anderer in der Muttersprache; geläufiges, ausdrucksvolles Lesen der Druck- und Handschrift; Fähigkeit, sich mündlich und schriftlich richtig auszudrücken.

I. Klasse (2, respektive 3 Stunden). — Geläufiges und sinn-richtiges Lesen, Wort- und Sacherklärung, mündliche Wiedergabe des Gelesenen; orthographische Uebungen ähnlich lautender, sowie der im Geschäftsstile oft vorkommenden Fremdwörter· Der erweiterte einfache Satz; der zusammengesetzte Satz; sämmtliche Redetheile; Uebungen in der Wortbildung. — Schriftliche Wieder-gabe gehörter und gelesener Erzählungen einfachen Inhaltes; Abfassung von einfachen Privatbriefen auf Grund von Dis-positionen (Einleitung, Ausführung, Schluss).

Rechnen.

Lehrziel: Sicherheit in der Ausführung der für den Kauf-mann wichtigen Berechnungen des Waarengeschäftes.

I. Klasse (2 Stunden). — Rechnen mit unbenannten Zahlen; die vier Grundoperationen mit ganzen Zahlen und Decimalzahlen; Rechnen mit gemeinen Brüchen, jedoch nur mit ein-, höchstens zweizifferigen Zählern und Nennern; Anwendung der wirklich praktischen Rechnungsvortheile bei den vorstehenden Operationen; Rechnen mit ein- und mehrnamigen Zahlen; Resolviren und Reduciren. — Erklärung des metrischen Maass- und Gewichts-systems.

II. Klasse (2 Stunden). — Wiederholung des Lehrstoffes der I. Klasse, namentlich des in den letzten Monaten durchgearbeiteten. Schlussrechnung; wälsche Praktik; Kettenrechnung; das Wichtigste über geometrische Verhältnisse und Proportionen; einfache Regel-detri; Procentrechnungen; Anwendung auf praktische Geschäfts-fälle, z. B.: Berechnung von Gewinn, Verlust, Rabatt, Provision, Gewichtsverlust etc.; Berechnung von Zinsen für Jahre, Monate, Tage; einfache Fälle von Mischungsrechnungen. — Das Wichtigste über die Münz-, Maass- und Gewichtssysteme in Oesterreich-Ungarn, Deutschland, Frankreich, Italien, England und Russland im steten Vergleiche mit den einheimischen Verhältnissen. Vorzüge des metrischen Systems. Einfache Waarenkalkulationen in eigener und fremder Währung. Abfassung von Noten, Fakturen und Rechnungen in jener Form, welche in der Praxis bei derartigen Berechnungen vorkommt. *III. Klasse* (1 Stunde). — Wiederholungen der schwierigen Partien des Lehrstoffes des II. Jahrganges. Konto-Korrentenrechnungen nach der landesüblichen Methode. Die im Handelsgewerbe üblichen Zahlungsmittel, Gold-, Silberwährung, Scheidemünze, Papiergeld, Agio, Postanweisung, Checks. Geschäftliche Anwendung der Postsparkassa. Wechsel; das Wichtigste über den Verkehr mit Platzwechseln und Devisen (Wechsel-Diskont-Rechnung). Erklärung des Wiener Coursblattes. So viel als möglich soll die Benützung von Formularien den Unterricht beleben und vereinfachen.

Buchhaltung.

Lehrziel: Theoretische und praktische Bekanntschaft mit den verschiedenen Methoden; die Bücher kleinerer Waarengeschäfte in kaufmännischer Art zu führen. *II. Klasse* (1 Stunde). — Einfache Buchführung, auf die Preisberechnung der Waaren bezogen. *a)* Theorie: Zweck der Buchführung; die wichtigsten Paragraphen des Handelsgesetzbuches, die sich auf die Führung kaufmännischer Bücher beziehen. Erklärung der technischen Ausdrücke, Einrichtung der Prima-Nota, des Kassabuches, des Hauptbuches, des Inventarbuches. *b)* Praktische Durchführung eines einmonatlichen Geschäftsganges für ein Detailgeschäft in den vier angegebenen Büchern. *III. Klasse* (1 Stunde). — Doppelte Buchführung, bezogen auf Preis- und Mengenverrechnung der Waaren. *a)* Theorie: Charakter und Werth dieser Buchführung; Einrichtung der Hilfsbücher. *b)* Praktische Durchführung eines zweimonatlichen Geschäftsganges für ein Engros-Geschäft in Verbindung mit einem Detail-Geschäfte.

Korrespondenz und Komptoir-Arbeiten.

Lehrziel: Fertigkeit in der Ausführung der meist vorkommenden Comptoir-Arbeiten eines einfacheren Waarengeschäftes. *II. Klasse* (1 Stunde). — Einleitung über den kaufmännischen Briefstil. Form dieser Briefe. Behandlung ein- und ausgehender Briefe im Allgemeinen. Specielle Behandlung folgender Briefgattungen: Cirkulare, Briefe mit Aufträgen über Kauf, Verkauf oder Bestellung von Waaren; Fakturenbriefe; Briefe über Waaren-

bemängelung, Widerruf von Kaufaufträgen; verschiedene Be-
scheinigungen, wie Empfangscheine, Lieferscheine mit Gegen-
schein, Schuldscheine, Quittungen, Kreditbriefe. Abfassung von
Telegrammen. *III. Klasse* (1 Stunde). — Frachtbriefe, Waarenerklärungen
(für die Zollbehandlung); Offerte; Empfehlungsschreiben; Er-
kundigungsschreiben; Mahnbriefe; Briefe über Konto-Korrente;
Briefe in Wechselangelegenheiten (Tratten und Rimessenbriefe);
Vollmachten; Reverse; einfache Miethverträge. Einfache Eingaben
an Behörden, z. B.: Anmeldung einer Firma behufs Eintragung
ins Handelsregister, Anzeige des Ein- oder Austrittes eines Gesell-
schafters etc. (derartige Eingaben sind jedoch nur soweit zu behandeln, dass die Schüler einen Einblick in die Sache bekommen).
Bei Behandlung der Korrespondenz ist ein besonderes Gewicht
auf die Einübung von Eingangs- und Schlussformeln bei den
verschiedenen Briefen zu legen.

Handels- und Wechselkunde.

Lehrziel: Kenntniss der wichtigsten Verhältnisse und Ein-
richtungen, welche beim Handel in Betracht kommen. Erklärung
der für die praktischen Bedürfnisse des Kaufmannes unentbehr-
lichsten Partien aus der Wechselkunde in Verbindung mit prak-
tischen Geschäftsfällen. *III. Klasse* (1, respektive 2 Stunden). — *a*) Handelskunde:
Die Grundbegriffe über den Handel im Allgemeinen und dessen
Gliederung. Kurze Charakteristik von Staatsmonopolen, Patent-
und Markenschutz. Firma, Prokura, Handelsgesellschaft. Gesetz-
liche Bestimmungen über Kauf, Verkauf, Zoll und Spedition. Das
Allernothwendigste über die Effektengeschäfte. *b*) Wechselkunde: Begriff und Eintheilung des Wechsels; Wechselfähigkeit;
die wesentlichen Erfordernisse eines Wechsels; der Wechsel-
stempel; falsche Wechsel; das Giro; die Acceptation; die Zahlung;
der Protest. Praktische Uebungen an Formularien und Arbeiten
mit Wechseln in der Buchführung.

Geographie.

Lehrziel: Auf Grund der allgemein geographischen Verhältnisse sich aufbauende Kenntniss der wichtigsten Handelsstaaten
als Produktions- und Handelsgebiete, jedoch mit der Beschränkung
auf die allerwichtigsten Partien bei stetiger Benützung der
Wandkarte.

I. Klasse (1 Stunde). — Allgemeine Geographie: Horizontale und vertikale Gliederung der Erdtheile in den Hauptzügen; das Wichtigste vom Klima; die Zonen; die politische Eintheilung der Erdtheile mit besonderer Hervorhebung der bedeutendsten Handelsplätze.

II. Klasse (1, respektive 2 Stunden). — Handelsgeographie: Die österreichisch-ungarische Monarchie und deren Nachbarländer als Produktions- und Handelsgebiete, jedoch mit alleiniger Angabe der für die einzelnen Staaten charakteristischen Produkte. Die wichtigsten Eisenbahn- und Dampfschifffahrtslinien (Erklärung eines der verbreitetsten Eisenbahn-Kursbücher). Anschliessend sind bei Oesterreich die einzelnen Kronländer unter denselben Gesichtspunkten zu behandeln, jedoch unter Vermeidung jeder Detaillirung.

III. Klasse (1 Stunde). — Handelsgeographie: Die übrigen Staaten Europas mit den Kolonien, soweit solche in Betracht kommen, ferner die selbstständigen aussereuropäischen Staaten als Produktions- und Handelsgebiete mit Beschränkung auf jene Artikel und Plätze, welche im Welthandel hervorragende Stellen einnehmen. Erklärung einer Weltverkehrskarte (Haupt-Postdampfer- und Kabellinien).

Waarenkunde.

Lehrziel: Kenntniss der allerwichtigsten Waaren des Welthandels nach ihren Haupteigenschaften, ihrer Gewinnung, Verwendung und ihren am häufigsten vorkommenden Verfälschungen. Der Unterricht soll sich auf eine encyklopädische Beschreibung und Erklärung verhältnissmässig weniger Artikel beschränken, welche als Massengüter im Welthandel vorkommen. Die Auswahl muss sich nach den lokalen Bedürfnissen der einzelnen Schulen richten. Der Unterricht soll möglichst Anschauungsunterricht sein und insofern die Praxis unterstützen, dass er leicht erkennbare Fälschungen, die absolute oder relative Gefährlichkeit mancher Waaren, die beste Art der Aufbewahrung und dergleichen in fasslicher Weise behandelt.

III. Klasse (1, repektive 2 Stunden). — *a*) Aus dem Pflanzenreiche: Die wichtigsten Nahrungs- und Genussmittel, Hölzer, Gerb- und Spinnstoffe; *b*) Aus dem Thierreiche: Einzelne wichtige thierische Produkte, wie Seide, Wolle, Häute, Fett, Federn etc. *c*) Aus dem Mineralreich: Kohle, Petroleum, Eisen, Salz, Kalk etc.

Anknüpfend sollen die wichtigsten Fabriksartikel, welche aus den behandelten Rohstoffen gewonnen werden, besprochen werden, als Gewebe, Metallwaaren, Säuren etc. Womöglich wären die Schüler .nach den Geschäften, in denen sie dienen, zu gruppiren, z. B. die Lehrlinge der Manufaktur- oder Specereigeschäfte in eigene Abtheilungen zusammenzusetzen und der Unterricht ihren praktischen Bedürfnissen entsprechend einzurichten.

Kalligraphie.

Lehrziel: Heranbildung einer gefälligen und geläufigen Handschrift.

I. Klasse (1, respektive 2 Stunden). — Vielfache Uebung in Kurrent- und Lateinschrift.

II. Klasse (1, respektive 2 Stunden). — Das kaufmännsiche Schreiben (kurrent und englisch) mit Rücksicht auf die Methode im Schnellschreiben. Die Rundschrift in verschiedenen Grössen. Kaufmännische Signaturen.

Die ungarischen Handelsschulen sind ebenso, wie die übrigen der österreichischen Kronländer einheitlich organisirt. Sie zerfallen in Handelsschulen unteren Grades, (Fortbildungsschulen) und Handelsmittelschulen, welche letzteren ihren Zöglingen nach bestandener Abgangsprüfung die Berechtigung zum einjährigen Dienste gewähren, wenn sie vor ihrem Eintritt in die Handelsschule die 4 unteren Klassen eines Gymnasiums oder einer Realschule oder Bürgerschule besucht haben.

Was hat nun gegenüber dieser Fülle von Formen und einheitlichen Organisationen des Unterrichts für den jungen österreichischen Kaufmann das deutsche Reich für den deutschen Handlungsgehilfen aufzuweisen?

1. Kaufmännische Hochschulen, wie sie als oberste Kurse an den Handelsakademien in Wien, Budapest und Triest bestehen, auf denen sich der hoch gebildete junge Mann zu einem weitblickenden, alle Verhältnisse des Weltverkehrs überschauenden Kaufmanne entwickeln kann, giebt es nicht. Wohl haben die Aeltesten der Kaufmann-

schaft von Berlin den Versuch gemacht, diese obersten Kurse durch die oben (S. 25) bereits erwähnten Vorlesungen über Kredit, Geldwesen, Bankwesen, Handelsrecht u. s. w. zu ersetzen, aber sie bilden keinen geschlossenen Unterricht und können keinen solchen bilden, da die Zeit nach der Natur des Stoffes und der durchschnittlichen Vorbildung der Zuhörer zu gering bemessen ist. In Köln ist jetzt zum ersten Male für Deutschland der Plan aufgetaucht, auch im deutschen Reich eine Handelsakademie nach österreichischem Vorbilde zu begründen, die dem jungen gebildeten Kaufmanne, der die selbstständige Leitung grosser Unternehmungen erstrebt, das gewährt, was dem Philologen, dem Juristen, dem Mediciner, dem Mathematiker, dem Theologen die Universität, dem Architekten, dem Ingenieur die technische Hochschule, dem höheren Forst- und Bergbeamten die Forst und Bergakademie bietet[1]). Die Kölner Handelskammer hat bereits ein umfassendes und warm befürwortendes Gutachten über die Errichtung einer rheinischen Handelsakademie erstattet, in dem sie besonders hervorhebt, dass mit einem auf wissenschaftlicher Grundlage erworbenen Wissen, mit Kenntnissen der Volkswirthschaft und des Finanzwesens, des Staats- und Verwaltungsrechts, der angewandten Naturwissenschaften, nicht allein die sociale Stellung des Kaufmanns sich heben, sondern auch der oft behauptete Gegensatz in der wissenschaftlichen Ausbildung dem Beamtenstande gegenüber verschwinden würde[2]). Die von den Kölnischen Kaufleuten ausgegangene Bewegung ist in den rheinischen Städten aber nicht ohne Widerstand geblieben. So hat sich die Düsseldorfer Stadtverordnetenversammlung gegen die Errichtung einer solchen Anstalt ausgesprochen, weil

---

[1]) S. Köln. Ztg. vom 18. April d. J.
[2]) Köln. Ztg. vom 9. Mai d. J. (Bericht über die Sitzg. der Handelskammer vom 8. Mai).

nach ihrer Ansicht bei einem etwa vorhandenen Bedürfnisse es Sache des Staates, nicht einer einzelnen Provinz sei, eine kaufmännische Hochschule zu begründen. Die Elberfelder Stadtverordneten, wie die Elberfelder Handelskammer bestreiten das Bedürfniss nach einer Hochschule überhaupt; sie glauben vielmehr, dass die Aufmerksamkeit mehr auf die weitere Ausbildung des kaufmännischen Fortbildungswesens zu richten sei.

2. Der österreichischen Handelsmittelschule steht unsere höhere Handelsschule ungefähr gleich. Von höheren Handelsschulen Deutschlands, welche von den Regierungen der einzelnen Staaten, Kommunen oder kaufmännischen Korporationen begründet, geleitet oder zum mindesten beaufsichtigt werden, und deren Abgangsprüfung die Berechtigung zum einjährigen Dienste gewährt, giebt es im deutschen Reich 13, die zu Kassel, Frankfurt a. M., Kaiserslautern, Karlsruhe, Landeshut in Bayern, Stuttgart, Passau, Zittau, Flensburg, welche bestehenden Realschulen angegliedert sind, und die zu Dresden, Leipzig, Chemnitz, Nürnberg, welche selbstständig organisirt sind. Weitere vier Handelsschulen, die zu Darmstadt, Lübeck, Mannheim und Pforzheim geben nicht die Berechtigung zum einjährigen Dienste. Zu den eben genannten Schulen kommen noch 7 Privatlehranstalten mit der Berechtigung und 6 ohne die Berechtigung zum einjährigen Dienste.

Rechnet man noch die kleineren kaufmännischen Kurse obigen Anstalten hinzu, so wurden 1892 auf den deutschen Handelslehranstalten, ob öffentlicher oder privater Natur, 5681 Schüler unterrichtet, während in Oesterreich - Ungarn 66 Handelsmittelschulen mit 9555 Schülern bestanden. Der Vergleich fällt um so ungünstiger für uns aus, als Deutschlands Handel und Industrie an Ausdehnung und Intensität bei weitem den Handel und die Industrie Oesterreichs übertrifft, wie das noch neulich der österreichische Finanzminister

v. Plener gelegentlich der Fortführung der Valutareform im österreichischen Reichsrathe treffend ausführte.

3. **Die kaufmännischen Fortbildungsschulen in Deutschland** sind an Zahl den österreichischen überlegen. Wir haben im ganzen Reiche 180 Schulen, welche die Aufgabe haben, Lücken auszufüllen, die leider die Volksschule so vielfach lässt, und welche die nothwendigsten kaufmännischen Elementarbegriffe den jungen Leuten beibringen sollen. Diese Schulen zählten 1892 etwa 17000 Schüler, Oesterreich-Ungarn hatte in dem gleichen Jahre 113 Schulen mit 9915 Schülern. Es muss aber dabei in Betracht gezogen werden, dass die Einwohnerzahl in Oesterreich-Ungarn um 20 Millionen geringer ist als in Deutschland, so dass die geringere Zahl von Schulen sich leicht erklärt. Die kaufmännischen Fortbildungsschulen in Deutschland sind relativ an Zahl denen Oesterreichs gleich, aber sie stehen in ihren Leistungen zurück, denn sie entbehren eines einheitlichen Lehrziels, durch das sich gerade Oesterreichs kaufmännischer Fortbildungsunterricht besonders auszeichnet (s. den Lehrplan S. 38). Der Fortbildungsunterricht Oesterreich-Ungarns ist auch durchschnittlich auf 3 Jahre bemessen, während es bei uns höchstens Jahreskurse giebt. Es kommt noch hinzu, dass in denjenigen Gegenden, in denen die österreichische Industrie und Handel besonders entwickelt sind, die kaufmännischen Fortbildungsschulen am dichtesten gesät sind. Im deutschen Reich kann allein das Königreich Sachsen mit dem österreichischen Fortbildungsschulwesen wetteifern. So kommt

in Sachsen auf . . . . 100 000 Einwohner
- Oesterreichisch-Schlesien auf . 120 000 -
- Grossherzogthum Baden auf . . 150 000 -
- Hessen-Darmstadt auf . . . . 166 000 -
- Böhmen auf . . . . 167 000 -
- Niederösterreich auf . . . . . 190 000 -

in Oberösterreich auf . . . . . 195 000 Einwohner
- Württemberg auf . . . . . . 286 000   -
- Preussen auf . . . . 368 000   -
und in Bayern gar erst auf . . . . 500 000   -
je eine kaufmännische Fortbildungsschule.

Wir stehen aber nicht allein hinter Oesterreich-Ungarn, sondern auch hinter anderen Kulturnationen in unserem kaufmännischen Schulwesen zurück.

Belgien besitzt ein einer Universität vollkommen gleichartig eingerichtetes höheres Handelsinstitut, „l'université belge de commerce et d'industrie" in Antwerpen, zu deren Kosten Staat, Gemeinde und Gönner beitragen: die belgische Regierung 45000, der Stadt Antwerpen 15000 und Freunde des Instituts 20000 Fr. jährlich. Auf dieser Universität dürfen diejenigen studiren, die eine Athenäum (Gymnasium) absolvirt oder die Prima eines deutschen Gymnasiums besucht haben. Und so mancher rheinische oder westfälische Industrielle, dessen Name in der ganzen Welt einen Klang hat, ist aus der l'université belge de commerce et d'industrie hervorgegangen. Im Uebrigen ertheilen sämmtliche Athenäen Belgiens auch Handelsunterricht und besitzen fast durchgängig auch gute Lehrmittelsammlungen.

Das Handelsschulwesen Amerikas ist sehr neueren Datums. Dennoch besteht bereits fast in jedem Staate eine Reihe von „commercial und business colleges"; so besitzt der Staat New-York allein 28 solcher Handelsschulen. Indessen ist das Urtheil über dieselben kein allgemein günstiges. So stark sie auch besucht werden, sind doch ihre Leistungen durchaus ungleichmässig.

In England ist der kaufmännische Unterricht eben so vernachlässigt, wie im deutschen Reiche. Erst in der allerneuesten Zeit ist das Gefühl für diesen Mangel lebhafter erwacht, und es werden jetzt fast in allen grösseren Städten Handelsschulen errichtet.

Einen besonders grossen Aufschwung hat aber das kaufmännische Schulwesen in Frankreich seit 1871 genommen. In allen grösseren Städten existiren „des écoles supérieures de commerce", theils gegründet von Handelskammern, theils von Kaufleuten aus eigener Initiative. In Paris bestehen allein 13 unentgeltliche Abendkurse, in denen durchschnittlich im Jahre 6000 junge Leute und 2500 Damen unentgeltlich unterrichtet werden.

In Italien ist mit sämmtlichen technischen Schulen eine Handelsschule verbunden, und muss nach königlichem Dekret in jeder Hauptstadt einer Provinz eine solche Handelsschule vorhanden sein. Die Lehrer werden vom Staate ernannt. Hochschulen für den Handel bestehen in Venedig und in Genua, auch ist in neuerer Zeit eine solche in Neapel begründet worden. Die Kosten derselben werden von den Gemeinden, den Provinzen, den Handelskammern und dem Staate gemeinschaftlich getragen[1]).

Für Deutschland, das in weit höherem Maasse ein Industrie- und Handelsstaat ist, als Oesterreich-Ungarn und einzelne der genannten Länder, wäre eine Ausgestaltung des kaufmännischen Bildungswesens von ganz besonderem Werthe. Es handelt sich im deutschen Reiche gegenwärtig aber nicht um Handelsakademien oder kaufmännische Hochschulen mit ihren weit gesteckten Zielen, auch nicht in erster Linie um Handelsmittelschulen, es handelt sich vielmehr um die kaufmännischen Fortbildungsschulen für diejenigen, welche auf der untersten Sprosse der kaufmännischen Stufenleiter stehen, welche von der Volksschule kommen und die der Mangel an Bildung am Aufsteigen hindert. Hier ist die Noth am grössten.

---

[1]) Siehe auch Beigel, die Mängel unseres gegenwärtigen kaufm. Bildungswesens S. 59 ff.

Es soll keineswegs verkannt werden, dass das Zusammenwirken verschiedener Ursachen die Lage der deutschen Handlungsgehilfen wesentlich verschlechtert hat. Die schöne Zeit, wie sie Gustav Freytag geschildert und wie sie der Verfasser selbst in seiner Jugend durchlebt hat, ist für die grösseren Städte, also grade da, wo der Handel seinen Hauptsitz hat, unwiderbringlich vorüber. Der Wettbewerb ist, wie in allen anderen Zweigen des Erwerbslebens, auch hier schwieriger geworden, und wer nicht mit einer tüchtigen kaufmännischen Bildung für den Konkurrenzkampf ausgerüstet ist, der läuft Gefahr, ins Hintertreffen zu kommen und schliesslich ganz zurückzubleiben. Für diesen Zweck ist aber die Zahl der kaufmännischen Fortbildungs-schulen zu gering, der dort ertheilte Unterricht weder genügend, noch nachhaltig genug. Ihm fehlt die Einheitlichkeit, und mit Ausnahme des Königreichs Sachsen giebt es keinen deutschen Einzelstaat, dessen Unterrichtsverwaltung sich um den kaufmännischen Unterricht kümmerte, die Lehrpläne regelte und sich die Ausbildung von Lehrkräften angelegen sein liesse.

Es muss darum eine der ersten Aufgaben der Handelskammern und der kaufmännischen Korporationen sein, im Zusammenwirken mit der Unterrichtsverwaltung, das kaufmännische Fortbildungsschulwesen in einer Weise auszugestalten, dass dem Handlungsgehilfen ein wirkliches Fundament gegeben wird, auf dem er seine Stellung sicher begründen kann. Eine, vielleicht die wesentlichste Ursache für die Nothlage der Handlungsgehilfen würde damit beseitigt werden.

.

.